但し、内閣は、国に緊急の必要があるときは、参議院の緊急集会を求めることができる。

③前項但書の緊急集会において採られた措置は、臨時のものであつて、次の国会開会の後10日以内に、衆議院の同意がない場合には、その効力を失ふ。

第55条　両議院は、各々その議員の資格に関する争訟を裁判する。但し、議員の議席を失はせるには、出席議員の3分の2以上の多数による議決を必要とする。

第56条　①両議院は、各々その総議員の3分の1以上の出席がなければ、議事を開き議決することができない。

②両議院の議事は、この憲法に特別の定のある場合を除いては、出席議員の過半数でこれを決し、可否同数のときは、議長の決するところによる。

第57条　①両議院の会議は、公開とする。但し、出席議員の3分の2以上の多数で議決したときは、秘密会を開くことができる。

②両議院は、各々その会議の記録を保存し、秘密会の記録の中で特に秘密を要すると認められるもの以外は、これを公表し、且つ一般に頒布しなければならない。

③出席議員の5分の1以上の要求があれば、各議員の表決は、これを会議録に記載しなければならない。

第58条　①両議院は、各々その議長その他の役員を選任する。

②両議院は、各々その会議その他の手続及び内部の規律に関する規則を定め、又、院内の秩序をみだした議員を懲罰することができる。但し、議員を除名するには、出席議員の3分の2以上の多数による議決を必要とする。

第59条　①法律案は、この憲法に特別の定のある場合を除いては、両議院で可決したとき法律となる。

②衆議院で可決し、参議院でこれと異なつた議決をした法律案は、衆議院で出席議員の3分の2以上の多数で再び可決したときは、法律となる。

③前項の規定は、法律の定めるところにより、衆議院が、両議院の協議会を開くことを求めることを妨げない。

④参議院が、衆議院の可決した法律案を受け取つた後、国会休会中の期間を除いて60日以内に、議決しないときは、衆議院は、参議院がその法律案を否決したものとみなすことができる。

第60条　①予算は、さきに衆議院に提出しなければならない。

②予算について、参議院で衆議院と異なつた議決をした場合に、法律の定めるところにより、両議院の協議会を開いても意見が一致しないとき、又は参議院が、衆議院の可決した予算を受け取つた後、国会休会中の期間を除いて30日以内に、議決しないときは、衆議院の議決を国会の議決とする。

第61条　条約の締結に必要な国会の承認については、前条第2項の規定を準用する。

第62条　両議院は、各々国政に関する調査を行ひ、これに関して、証人の出頭及び証言並びに記録の提出を要求することができる。

第63条　内閣総理大臣その他の国務大臣は、両議院の一に議席を有すると有しないとにかかはらず、何時でも議案について発言するため議院に出席することができる。又、答弁又は説明のため出席を求められたときは、出席しなければならない。

第64条　①国会は、罷免の訴追を受けた裁判官を裁判するため、両議院の議員で組織する弾劾裁判所を設ける。

②弾劾に関する事項は、法律でこれを定める。

第5章　内閣

第65条　行政権は、内閣に属する。

第66条　①内閣は、法律の定めるところにより、その首長たる内閣総理大臣及びその他の国務大臣でこれを組織する。

②内閣総理大臣その他の国務大臣は、文民でなければならない。

③内閣は、行政権の行使について、国会に対し連帯して責任を負ふ。

第67条　①内閣総理大臣は、国会議員の中から国会の議決で、これを指名する。この指名は、他のすべての案件に先だつて、これを行ふ。

②衆議院と参議院とが異なつた指名の議決をした場合に、法律の定めるところにより、両議院の協議会を開いても意見が一致しないとき、又は衆議院が指名の議決をした後、国会休会中の期間を除いて10日以内に、参議院が、指名の議決をしないときは、衆議院の議決を国会の議決とする。

第68条　①内閣総理大臣は、国務大臣を任命する。但し、その過半数は、国会議員の中から選ばれなければならない。

②内閣総理大臣は、任意に国務大臣を罷免することができる。

第69条　内閣は、衆議院で不信任の決議案を可決し、又は信任の決議案を否決したときは、10日以内に衆議院が解散されない限り、総辞職をしなければならない。

第70条　内閣総理大臣が欠けたとき、又は衆議院議員総選挙

の後に初めて国会の召集があつたときは、内閣は、総辞職をしなければならない。

第71条　前2条の場合には、内閣は、あらたに内閣総理大臣が任命されるまで引き続きその職務を行ふ。

第72条　内閣総理大臣は、内閣を代表して議案を国会に提出し、一般国務及び外交関係について国会に報告し、並びに行政各部を指揮監督する。

第73条　内閣は、他の一般行政事務の外、左の事務を行ふ。

1　法律を誠実に執行し、国務を総理すること。

2　外交関係を処理すること。

3　条約を締結すること。但し、事前に、時宜によつては事後に、国会の承認を経ることを必要とする。

4　法律の定める基準に従ひ、官吏に関する事務を掌理すること。

5　予算を作成して国会に提出すること。

6　この憲法及び法律の規定を実施するために、政令を制定すること。但し、政令には、特にその法律の委任がある場合を除いては、罰則を設けることができない。

7　大赦、特赦、減刑、刑の執行の免除及び復権を決定すること。

第74条　法律及び政令には、すべて主任の国務大臣が署名し、内閣総理大臣が連署することを必要とする。

第75条　国務大臣は、その在任中、内閣総理大臣の同意がなければ、訴追されない。但し、これがため、訴追の権利は、害されない。

第6章　司法

第76条　①すべて司法権は、最高裁判所及び法律の定めるところにより設置する下級裁判所に属する。

②特別裁判所は、これを設置することができない。行政機関は、終審として裁判を行ふことができない。

③すべて裁判官は、その良心に従ひ独立してその職権を行ひ、この憲法及び法律にのみ拘束される。

第77条　①最高裁判所は、訴訟に関する手続、弁護士、裁判所の内部規律及び司法事務処理に関する事項について、規則を定める権限を有する。

②検察官は、最高裁判所の定める規則に従はなければならない。

③最高裁判所は、下級裁判所に関する規則を定める権限を、下級裁判所に委任することができる。

第78条　裁判官は、裁判により、心身の故障のために職務を執ることができないと決定された場合を除いては、公の弾劾によらなければ罷免されない。裁判官の懲戒処分は、行政機関がこれを行ふことはできない。

第79条　①最高裁判所は、その長たる裁判官及び法律の定める数のその他の裁判官でこれを構成し、その長たる裁判官以外の裁判官は、内閣でこれを任命する。

②最高裁判所の裁判官の任命は、その任命後初めて行はれる衆議院議員総選挙の際国民の審査に付し、その後10年を経過した後初めて行はれる衆議院議員総選挙の際に審査に付し、その後も同様とする。

③前項の場合において、投票者の多数が裁判官の罷免を可とするときは、その裁判官は、罷免される。

④審査に関する事項は、法律でこれを定める。

⑤最高裁判所の裁判官は、法律の定める年齢に達した時に退官する。

⑥最高裁判所の裁判官は、すべて定期に相当額の報酬を受ける。この報酬は、在任中、これを減額することができない。

第80条　①下級裁判所の裁判官は、最高裁判所の指名した者の名簿によつて、内閣でこれを任命する。その裁判官は、任期を10年とし、再任されることができる。但し、法律の定める年齢に達した時には退官する。

②下級裁判所の裁判官は、すべて定期に相当額の報酬を受ける。この報酬は、在任中、これを減額することができない。

第81条　最高裁判所は、一切の法律、命令、規則又は処分が憲法に適合するかしないかを決定する権限を有する終審裁判所である。

第82条　①裁判の対審及び判決は、公開法廷でこれを行ふ。

②裁判所が、裁判官の全員一致で、公の秩序又は善良の風俗を害する虞があると決した場合には、対審は、公開しないでこれを行ふことができる。但し、政治犯罪、出版に関する犯罪又はこの憲法第3章で保障する国民の権利が問題となつてゐる事件の対審は、常にこれを公開しなければならない。

第7章　財政

第83条　国の財政を処理する権限は、国会の議決に基いて、これを行使しなければならない。

第84条　あらたに租税を課し、又は現行の租税を変更するには、法律又は法律の定める条件によることを必要とする。

第85条　国費を支出し、又は国が債務を負担するには、国会の議決に基くことを必要とする。

第86条　内閣は、毎会計年度の予算を作成し、国会に提出して、その審議を受け議決を経なければならない。

第87条　予見し難い予算の不足に充てるため、国会の議決に基いて予備費を設け、内閣の責任でこれを支出することができる。

②すべて予備費の支出については、内閣は、事後に国会の承諾を得なければならない。

第88条　すべて皇室財産は、国に属する。すべて皇室の費用は、予算に計上して国会の議決を経なければならない。

第89条　公金その他の公の財産は、宗教上の組織若しくは団体の使用、便益若しくは維持のため、又は公の支配に属しない慈善、教育若しくは博愛の事業に対し、これを支出し、又はその利用に供してはならない。

第90条　①国の収入支出の決算は、すべて毎年会計検査院がこれを検査し、内閣は、次の年度に、その検査報告とともに、これを国会に提出しなければならない。

②会計検査院の組織及び権限は、法律でこれを定める。

第91条　内閣は、国会及び国民に対し、定期に、少くとも毎年1回、国の財政状況について報告しなければならない。

第8章　地方自治

第92条　地方公共団体の組織及び運営に関する事項は、地方自治の本旨に基いて、法律でこれを定める。

第93条　①地方公共団体には、法律の定めるところにより、その議事機関として議会を設置する。

②地方公共団体の長、その議会の議員及び法律の定めるその他の吏員は、その地方公共団体の住民が、直接これを選挙する。

第94条　地方公共団体は、その財産を管理し、事務を処理し、及び行政を執行する権能を有し、法律の範囲内で条例を制定することができる。

第95条　一の地方公共団体のみに適用される特別法は、法律の定めるところにより、その地方公共団体の住民の投票においてその過半数の同意を得なければ、国会は、これを制定することができない。

第9章　改正

第96条　①この憲法の改正は、各議院の総議員の3分の2以上の賛成で、国会が、これを発議し、国民に提案してその承認を経なければならない。この承認には、特別の国民投票又は国会の定める選挙の際行はれる投票において、その過半数の賛成を必要とする。

②憲法改正について前項の承認を経たときは、天皇は、国民の名で、この憲法と一体を成すものとして、直ちにこれを公布する。

第10章　最高法規

第97条　この憲法が日本国民に保障する基本的人権は、人類の多年にわたる自由獲得の努力の成果であつて、これらの権利は、過去幾多の試錬に堪へ、現在及び将来の国民に対し、侵すことのできない永久の権利として信託されたものである。

第98条　①この憲法は、国の最高法規であつて、その条規に反する法律、命令、詔勅及び国務に関するその他の行為の全部又は一部は、その効力を有しない。

②日本国が締結した条約及び確立された国際法規は、これを誠実に遵守することを必要とする。

第99条　天皇又は摂政及び国務大臣、国会議員、裁判官その他の公務員は、この憲法を尊重し擁護する義務を負ふ。

第11章　補則

第100条　①この憲法は、公布の日から起算して6箇月を経過した日から、これを施行する。

②この憲法を施行するために必要な法律の制定、参議院議員の選挙及び国会召集の手続並びにこの憲法を施行するために必要な準備手続は、前項の期日よりも前に、これを行ふことができる。

第101条　この憲法施行の際、参議院がまだ成立してゐないときは、その成立するまでの間、衆議院は、国会としての権限を行ふ。

第102条　この憲法による第1期の参議院議員のうち、その半数の者の任期は、これを3年とする。その議員は、法律の定めるところにより、これを定める。

第103条　この憲法施行の際現に在職する国務大臣、衆議院議員及び裁判官並びにその他の公務員で、その地位に相応する地位がこの憲法で認められてゐる者は、法律で特別の定をした場合を除いては、この憲法施行のため、当然にはその地位を失ふことはない。但し、この憲法によつて、後任者が選挙又は任命されたときは、当然その地位を失ふ。

日本国憲法（けんぽう）ってなに？

伊藤 真 1

だれもが自分（じぶん）らしく
生（い）きるための約束（やくそく）ごと

立憲主義（りっけんしゅぎ）

ケンポウ先生

伊藤 真（いとう・まこと）

1958年生まれ。弁護士、伊藤塾塾長。日本弁護士連合会・憲法問題対策本部副本部長。東京大学在学中に司法試験に合格。1995年に「伊藤真の司法試験塾」（その後「伊藤塾」に改称）を開設し、市民のために働く法律家の育成をめざす。その一方で、「憲法を知ってしまった者の責任」から、日本国憲法の理念を伝える伝道師として、講演・執筆活動を精力的に行う。『憲法の力』（2007年、集英社新書）、『中高生のための憲法教室』（2009年、岩波ジュニア新書）、『憲法の知恵ブクロ』（2010年、新日本出版社）、『やっぱり九条が戦争を止めていた』（2014年、毎日新聞）、『けんぽうのえほん あなたこそたからもの』（2015年、大月書店）など、著書は多数。

世の中には、さまざまな考えをもつ人が生活しています。考え方の違いから対立し、ともすれば相手を否定し、攻撃しあうこともしばしば起こります。そうならないように、たがいに共存し、相手の立場を認め、助けあいながら社会を動かしていく。そんな国のしくみの基礎になるのが、日本国憲法です。

「世の中、憲法で動いているわけではない」と言われることがあります。たしかに、ルールを決めても守られるとはかぎらないことは、歴史の示すところです。たとえば、第一次世界大戦後、国際連盟規約（1919年）や不戦条約（1928年）は、国際紛争を解決する手段として戦争に訴えることを禁止しました。しかし、「自衛」の名の下の戦争は禁止されなかったため、ほどなくして第二次世界大戦が始まります。また、アメリカでは、古くはリンカーン大統領による奴隷解放宣言（1862年）に示されるように、人種差別撤廃の理想が掲げられてからずいぶんたっています。しかし、イスラム国によるテロなどをきっかけに、差別的政治を支持する動きも強まっており、その理想はいまだに達成されていません。

それでもわたしたちは、戦争をやめ、人種差別を撤廃するように努力していかなければなりません。だれでも守ることができる簡単なルールとは違い、ルールが目指す理想が崇高であればあるほど、それが守られるようになるには時間がかかるのです。世の中は急には変わるものではありません。

憲法は、「こうである」という現実ではなく、「こうあるべきだ」という理想を示すものです。たとえば、軍隊をもつことを憲法9条は禁止していますが、自衛隊は存在します。だからといって、軍隊をもってよいと憲法に書いてしまうことに、わたしは反対です。せっかく9条が、戦争のない世界という崇高な理想を掲げているのです。それを変えてしまえば、世界中の戦争を認めてしまうことになりかねないからです。現

実を理想に引きあげることにこそ、憲法の存在意義があるのです。もっといえば、現実とは違うからこそ憲法には意義があるのです。

　この本は、憲法を学ぶためのものです。「法を学ぶ」ということは、正解のない問題に対して、自分なりの答えを見つけることができるようになることです。言い換えれば、事実と論理と言葉で、反対意見をもつ相手を説得する技術を身につけることです。そして、このように「自分なりの答え」を見つけだすことは、広くいえば、「主体的に生きる」ことの一環でもあります。主体的に生きることは、自分のことばかり考えて生きる利己主義とは区別されます。他者に対するイマジネーションをもち、社会全体を理解することが不可欠です。主体的に生きる人たちが集まって形成された社会こそ、民主主義社会です。そうしてはじめて、さまざまな考えをもつ人が社会で共生することができるのです。

　わたしは、立憲主義憲法こそは、近代における人類のもっとも重要な発明のひとつだと考えています。「法で国家権力をしばることにより権力の濫用を防ぎ、個人の尊重を実現する」という知恵は、法にかかわる歴史のなかでも、指折りの発明といえるでしょう。憲法には単に文字が書かれているにすぎません。「人権」といっても目に見えるものでもありません。しかしそこには、「個人の尊重」こそが、人間らしさのための不可欠の条件であることが示されているのです。そして、このような憲法を使いこなして「自分なりの答え」を見つけだす力をつけることこそ、主体的に生きることにつながり、そうした人がひとりでも増えることが、憲法の崇高な理想を現実のものにしていくことになると信じています。

　これからいっしょに、憲法をひとつひとつ解き明かしていきましょう。

2017年4月　伊藤　真

法律は、第1条、第2条…の順に書かれていますが、「条」は「項」に区分けされ、また「条」や「項」のなかには、「号」が置かれたりします。
この本では、「項」を①、②、③…で、「号」を数字の1、2、3…で表しています。

生徒のケンちゃん

1巻もくじ

「日本国憲法ってなに?」は、5巻のシリーズで構成されます。本文中の [1巻] [2巻] [3巻] [4巻] [5巻] は、その巻でくわしく解説しています。また、[○ページ]は、その内容について関連するページを表します。

[1巻]	だれもが自分らしく生きるための約束ごと [立憲主義]
[2巻]	だれもが生まれながらに持っている権利 [基本的人権の尊重]
[3巻]	平和は自分らしく生きるための基本 [平和主義]
[4巻]	人権を守るための国のしくみ① [国民主権・三権分立・国会]
[5巻]	人権を守るための国のしくみ② [内閣・裁判所・地方自治]

立憲主義のあゆみ

立憲主義の始まり（中世）	近代立憲主義（近代）		現代立憲主義（現代）	
イギリス	アメリカ		ドイツ	日本
1215年 マグナ=カルタ 貴族のための王の権力の制限	**1776年** アメリカ独立宣言 個人の尊重、平等権、自由権		**1919年** ワイマール（ヴァイマル）憲法 社会権	**1946年** 日本国憲法 国際主義・平和主義
1689年 権利の章典 議会による王の権力の制限、請願権	**1787年** アメリカ合衆国憲法 違憲審査権			
	フランス			
	1789年 フランス人権宣言 人権保障と権力の分立			

憲法ってなに？

みなさんのなかには、憲法は法律のいちばんえらい親分で、わたしたち国民が守らなくてはならないものだとイメージしている人もいるかもしれません。しかし、法は法でも、憲法と法律はまったくちがいます。

日本国憲法99条 6ページ に定められている、憲法を守らなければならないのは、天皇、摂政や、国務大臣、国会議員、裁判官といった公務員だけです。わたしたち国民は入っていません。ここに、憲法とは何かを解くカギがあります。

憲法は、世界の歴史のなかで、1人1人の人権を保障するために発展してきた、人類の知恵です。強い力を持ち、国民を支配・統制しようとする国家権力に歯止めをかけ、究極の目的である「個人の尊重」（13条 8ページ ）を実現しようとするものです。

このような憲法にもとづいて政治を行うことを「立憲主義」といい、世界の多くの国に共通する理念です。この巻ではまず、立憲主義の歴史をふり返りながら、憲法とは何かを説明します 6～18ページ 。

日本国憲法の普遍性と特殊性

つぎに、日本国憲法の歴史と全体像を紹介していきます 19～23ページ 。日本国憲法は、戦争への深い反省から生まれた、立憲主義を復活・強化する新しい憲法として制定されました。

イギリスやアメリカ、フランスなど世界各国の立憲主義憲法と同様に、「国民主権の原則」「個人の尊重と人権保障」「憲法の最高法規性・すべての公務員の憲法尊重擁護義務・違憲審査制」など、立憲主義に欠かせない制度をもれなく採用し、人類普遍の英知を受けついでいます。

さらに、立憲主義の最大の敵は戦争だとして、徹底した「平和主義」も明記しました。これは日本国憲法の特殊性であり、もっとも先進的な点です。

人権のプロローグ

憲法をつくる目的は、国家権力の横行を防ぎ、国民1人1人の人権を保障することにあります。憲法に定められたさまざまな人権は 2巻 でくわしく紹介しますが、この巻の最後に、人権のおおもとにある、幸福追求権や平等原則の考え方を説明しています 24～27ページ 、 28～31ページ 。

憲法尊重擁護の義務

第99条　天皇又は摂政及び国務大臣、国会議員、裁判官その他の公務員は、この憲法を尊重し擁護する義務を負ふ。

天皇、摂政（天皇の代理人）、国務大臣、国会議員、裁判官、そのほかすべての公務員は、日本国憲法を大切にして、守っていかなければならない。そして、それが公務員の義務だ、としています。

憲法を守るのはだれか

　日本国憲法には、前文のほか、全部で103の条文があります。そのなかで、99条を最初に紹介したのは、ここに書かれている、憲法を守るべき人がだれかということが、「憲法とはなにか」を、とてもよく表しているからです。

　憲法を守るべき人としてあげられている人のなかに、わたしたち「国民」は入っていないという点に注目してほしいのです。

法律とはなにか

　おおぜいの人びとが集まって社会をつくり、生活していくには、さまざまなルールが必要です。ルールは、その時代やその地域の人びとの価値観にもとづいてつくられます。

　それらのルールのなかでも、「法律」は、国会によってつくられたルールをさします。法律は、国家が「これを守りなさい！」と、わたしたちに強制するものです。たとえば、他人の物をぬすんではいけない（刑法）、自動車の免許をとれるのは18歳以上（道路交通法）、何か物を買ったら代金を支払わなければならない（民法）、などです。

　このように、社会のなかでみんながそれぞれ幸福に生きられるようにするために、法律によって、権利や自由のうちの一部分は制限されます。

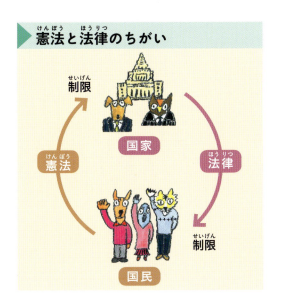
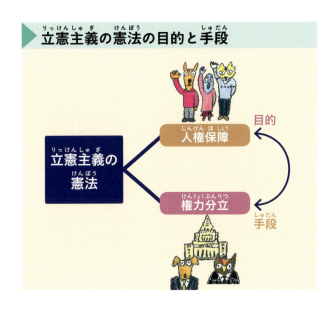
憲法と法律のちがい

しかし、さまざまな法律によって国民の権利や自由を制限するとき、国家が好き勝手につくってもよいとなると、個人の権利や自由が不当に制限される危険もあります。たとえば、大学に進学できるのは男性のみ、という法律ができたら、女性は不当に差別されたと考えるのが当然です。

そこで、あらかじめ国家に歯止めをかけるのが、「憲法」という約束ごとです。わたしたち国民が国家に対して「これを守りなさい！」と強制するルールです。憲法は、法律のように国家が国民に守らせるものではなく、国民が国家に守らせるルールなのです。ですから、憲法を守らなければならないのは、国家権力を行使する側にいる「天皇、摂政、国務大臣、国会議員、裁判官その他の公務員」なのです。

憲法を国家権力に守らせるために

憲法とは、わたしたち国民の人権を保障するための約束ごとです。そして、憲法で国家権力に歯止めをかけて、憲法にもとづく政治を行うことを「立憲主義」といいます。

立憲主義にもとづく憲法は、人びとの人権保障 2巻 と、それを守る手段として、国会・内閣・裁判所などの国のしくみ 4巻 5巻 を定めているのがふつうです。

憲法を国家権力に守らせるためには、憲法は「最高法規」 9ページ でなければなりません。最高法規とは、国家秩序において、もっとも強い効力をもつものです。憲法の内容に矛盾する法律は無効になり、憲法が優先されます。98条1項で、それを定めています。

憲法は、国のなかで最強の力があるので、憲法の条文に違反するすべての法律、命令（行政がつくる法）、詔勅（天皇の意思を示す公文書）は、違反する部分について効力がありません、ということですね。

人権：だれもが生まれながらに持っている人間としての権利。　　7

個人の尊重

第13条　すべて国民は、個人として尊重される。生命、自由及び幸福追求に対する国民の権利については、公共の福祉に反しない限り、立法その他の国政の上で、最大の尊重を必要とする。

すべての国民は、ひとりひとりの個人として尊重される。そして、国民の生命、自由、幸福を追求することに対する権利は、ほかの人権を傷つけない限り、国の政治の上で最大に大切にされる、ということです。

憲法の最大の目的

憲法にもとづく政治を行う立憲主義の最大の目的は、わたしたちの人権を保障することです。13条の前段は、その出発点を定めています。

わたしたち1人1人が「個人として尊重される」ことは、市民革命をへて近代化したイギリスやフランス、アメリカなどの国ぐにの憲法に共通している、世界の歴史の発展のなかで得られた価値観 10〜17ページ です。

個人の尊重とは

個人の尊重は、ほかの人に迷惑をかけたり、ほかの人を犠牲にしたりしても、自分の利益を守ろうとする「自分勝手」や「利己主義」とはちがいます。また、全体のためには個人を犠牲にしてもかまわない、という「全体主義」 16ページ とも異なります。

豊かな人も貧しい人も、健康な人もハンディキャップを負っている人も、学歴のある人もない人も、男性も女性もLGBTなどの性的マイノリティの人も、年齢の高い人も低い人も、すべての人が、社会のなかで1人1人主体的な人間として、かけがえのない価値のある存在なのだという考え方です。

この「個人の尊重」を定める13条が、立憲主義にもとづいてつくられた日本国憲法のなかで、もっとも大事な条文です。

マイノリティ：社会的少数者。社会的に弱い立場の人たちの集団。

基本的人権の本質

> **第97条** この憲法が日本国民に保障する基本的人権は、人類の多年にわたる自由獲得の努力の成果であつて、これらの権利は、過去幾多の試錬に堪へ、現在及び将来の国民に対し、侵すことのできない永久の権利として信託されたものである。

この憲法が日本国民に保障する基本的人権は、過去のたくさんの試錬からわれわれの祖先が勝ちとってきたものですから、その遺産の上に眠ることなく、たえず努力して守っていかなければなりません。このような人権は、公権力によって侵されてはならないものですし、人間として生まれ、また生まれてくる、現在および将来のすべての人に与えられる永久のものです、としています。

人類の自由獲得の努力の成果

立憲主義にもとづく憲法がつくられるようになるのは、17世紀（1600年代）、近代とよばれる時代に入ってからです。立憲主義憲法は、何百年にもわたって、国王などの権力者から自由や権利を勝ちとるための、人類のたたかいによって発展してきたもので、人類の英知の結晶です。

その歴史が、97条にしっかりと書かれています。「この憲法が日本国民に保障する基本的人権は、人類の多年にわたる自由獲得の努力の成果」であり、「過去幾多の試錬に堪へ」てきたものであるという部分です。

日本国憲法は第3章「国民の権利及び義務」 2巻 で、さまざまな人権を定めています。これらの人権ははじめからあったものではなく、人類の長い間の努力によって勝ちとられたものですから、人権を主張することは、今を生きるわたしたちの責任でもあります。

憲法が最高法規とされる理由

97条は、11条・12条 24ページ の内容と同じです。にもかかわらず第10章「最高法規」の最初に、あえてまたこの条文をおき、人権保障の重要性を強調することで、そのための手段である憲法の最高法規性 7ページ を基礎づけています。

近代立憲主義の成立

	イギリス	アメリカ	フランス
	1215年 マグナ=カルタ		
17世紀	1628年 権利の請願 1642年 ピューリタン革命 1688年 名誉革命（〜89年まで） 1689年 権利の章典	1600年ごろから、イギリス人による植民地がつくられはじめる	1600年代なかばから、ルイ14世による絶対王政
18世紀	1700年ごろから、産業革命	1773年 ボストン茶会事件 1775年 アメリカ独立戦争（〜83年まで） 1776年 アメリカ独立宣言 1783年 イギリスがアメリカの独立を認める 1787年 アメリカ合衆国憲法	1778年 アメリカ独立戦争に参戦 1789年 フランス革命 フランス人権宣言 1799年 ナポレオンによるクーデター
19世紀			1804年 ナポレオン皇帝即位 1814年 ナポレオン皇帝退位

▲マグナ=カルタ

立憲主義のはじまり「マグナ=カルタ」

立憲主義という考え方が最初に生まれたのは、13世紀、中世のイギリスです。国王といえども、法（古き良き慣習に由来するもの）に従うべきだという考えが生まれ、この考え方にもとづいて1215年に「マグナ=カルタ」が制定されました。

しかし、マグナ=カルタは、今の立憲主義 7ページ 憲法とはずいぶんちがうところがあります。国王が勝手に税金をとれないように定めていますが、それは貴族などの特権を守るためのものでした。当時は身分制のある、封建的な社会体制だったため、農民などの権利については考えられていませんでした。

イギリスの立憲主義「権利の章典」

広く国民の権利や自由を保障する近代立憲主義は、市民革命を最初に実現したイギリスで始まりました。1688年の名誉革命をへて「権利の章典」が定められ、国王は、議会の同意がなければ、法律を運用したり、税金をかけたりすることができなくなりました。

また、議員の選挙の自由や、議会での言論の自由、請願権 2巻 など、国民の権利・自由を守ることも約束されました。国民の権利・自由を守るために、国王の権力に歯止めをかけるという考え方が、はじめて法に書きこまれたのです。

封建的な社会体制：領主が臣下に土地を分けあたえて従わせる主従関係にもとづく社会のしくみ。

現在のイギリスには、「日本国憲法」のようなひとまとまりになった条文（「法典」といいます）はありません。マグナ＝カルタや権利の章典など、憲法に位置づけられる法がたくさん集まって、憲法の役割を果たしています。これを「不文憲法」といいます。

また、イギリスでは、伝統的に議会の力が強く、「議会万能主義」あるいは「議会主権」とよばれる制度へと発達しました。

アメリカの立憲主義

イギリスの植民地であったアメリカは、議会万能主義といわれるイギリス議会がつくった理不尽な法によって、苦しめられていました。1775年から始まった独立戦争で、アメリカはついに独立を勝ちとります。

独立に大きな影響をあたえたのが、イギリスの思想家ジョン・ロック（1632〜1704年）でした。ロックは、だれもが生まれながらに自由かつ平等であり、生まれながらの権利として「自然権」を持っていること、この自然権を守るために、市民がおたがいに約束ごとを決め、国をつくって権力の行使をゆだねるという「社会契約」を結んでいること、国が権力を悪用して、人びとの自然権を不当に制限するときには、人びとは国に抵抗することができる（「抵抗権」の保障）、と考えました。

この考え方が、1776年の「アメリカ独立宣言」にも、1787年の「アメリカ合衆国憲法」にも表れています。

ただ、アメリカには、イギリス議会に苦しめ

> ### アメリカ独立宣言（抄）
>
> すべての人は平等につくられ、造物主によって一定のゆずりわたすことのできない権利をあたえられており、その中には生命、自由および幸福追求がふくまれる。

アメリカ独立宣言 1776年7月4日

られてきたことによる、議会に対する強い不信がありました。そこで、議会がつくった法律が憲法に違反していないかどうか、法律にもとづいて行われるさまざまな行政活動が、憲法に違反していないかどうかを裁判所がチェックするしくみを、新たに生み出しました。裁判所に違憲審査権 **5巻** を認め、裁判所の役割に強い期待をよせたのです。

アメリカ合衆国憲法は、修正が加えられながら、現在もつかわれています。

フランスの立憲主義

イギリスからの独立を求めたアメリカ国民のたたかいは、フランスに影響をあたえました。アメリカの独立宣言から13年後の1789年、フランス革命が起こります。そのときにつくられたのが「人権宣言」でした。

フランス革命は、「ブルジョアジー」とよばれる資本家階級の人たちが、自分たちの土地や財産などの権利を守るために起こしたものです。

フランス人権宣言（抄）

第1条　人は、自由かつ権利において平等なものとして生まれ、かつ生存する。（省略）
⇒「自然権」を定めている。

第2条　あらゆる政治的結合の目的は、人の、時効によって消滅することのない自然的な諸権利の保全にある。これらの諸権利とは、自由、所有、安全および圧政への抵抗である。
⇒前半は、政治的結合（政府）の目的が自然権の保障にあるとして「社会契約」を示す。後半は、「抵抗権」を定める。

さらに幅広い市民の支持を得るために、「自由・平等・博愛」というスローガンをかかげ、革命の正しさをうったえました。そのなかで、ロックの考え方も人権宣言にとり入れられました。

また、フランス人権宣言の16条には、「権利の保障が確保されず、権力の分立が定められて

フランス革命 1789年 7月14日

　資本家階級：資本と生産手段を所有する階級。

▲フランス人権宣言（部分）

いないすべての社会は、憲法をもたない」とあります。立憲主義の2つの本質である、人権保障と、権力分立という国のしくみが、はっきりと書かれていることが特徴です。

フランスでは、人権宣言ののち、イギリスやアメリカとはちがって、何度も憲法がつくられました。しかし、裁判所による違憲審査制度や、裁判所が行政に関することを審査することは、長い間認められることはなく、「議会中心主義」がつらぬかれてきました。

というのは、フランス革命前の国のしくみ（アンシャン・レジーム）では、裁判所にあたる「パルルマン」が強大な権限を持って、行政や立法にも関与していたからです。そのことがフランス革命以来の議会中心主義を支えているのです。

身分の特権から個人の人権へ

中世の立憲主義は、身分による特定の集団の人たちの特権を守るためのものでした。しかし、近代以降はロックの「自然権」の考え方が広まるとともに、1人1人の個人の権利を守る憲法へと発展しました。

市民革命以降の立憲主義は「近代立憲主義」とよばれます。その特徴は「身分の特権から個人の人権へ」にあります。近代立憲主義の根本にある価値観である「個人の尊重」が、現代にもひきつがれて8ページいます。

法の支配と法治主義

近代立憲主義への発展は、国王などの権力者が好き勝手に権力を行使して人びとを支配した「人の支配」から、国家権力をあらかじめ法でしばって、権力者も法に従わなければならないとする「法の支配」という考え方に転換することにありました。

この「法の支配」という考え方は、おもにイギリスやアメリカで広まったものです。国家権力は放っておくと好き勝手にするおそれがあり、強い権力であればあるほど、その度合いが強まるので、憲法を中心とした法によって国家権力にしばりをかけ、国民の権利・自由を守ろうとする考え方なのです。その点で、「立憲主義」とほとんど同じ意味を持っています。

なお、議会のつくった法律を重視するフランスやドイツでは、「法治主義」という考え方が根づきました。法律によって、行政をコントロールしようとするものです。第二次世界大戦終了前は「形式的法治主義」といわれるほど、議会がつくった法律であれば、どんな内容のものでも、従わなければならないとされました。しかし、ナチス・ドイツへの反省17ページから、戦後は法律の内容の正当性を求め、違憲審査制も採用されました。そのため、「法治主義」は「法の支配」とほぼ同じような意味になっています。

違憲審査制：議会が制定した法律や、行政機関の行為が憲法に適合するかどうかを裁判所が審査・判断する制度。

現代立憲主義への発展と危機

世界の動き	ドイツ
	1600年代（17世紀）から事実上、分裂状態

19世紀

世界の動き	ドイツ
1815年　ナポレオン戦争の終結（ウィーン体制の成立）	
1848年　ヨーロッパ各地で革命が起こる（ウィーン体制の崩壊）	1848年／50年　プロイセン憲法（欽定憲法）
1861年　アメリカ南北戦争（〜65年まで）	
1830年フランス七月革命	1871年　ドイツ帝国の成立 ドイツ帝国憲法（ドイツ皇帝＝プロイセン国王による欽定憲法）

20世紀

世界の動き	ドイツ
1914年　第一次世界大戦	1914年　第一次世界大戦（〜18年まで。ドイツ帝国の敗戦）
1917年　ロシア革命	1919年　ワイマール（ヴァイマル）憲法
1929年　ニューヨークで株価が大暴落して世界大恐慌	1933年　ナチスのヒトラー政権誕生
1939年　第二次世界大戦（〜45年まで）	1939年　第二次世界大戦
	1945年　ドイツの無条件降伏

「自由国家」から「社会国家」へ

　近代立憲主義は、個人の自由を尊重することを目的としました。このことは、経済については、「国は個人の経済活動に関わらない」という「自由放任主義」が正しいとされ、資本主義経済が発展していきました。

　このような国家のあり方は、個人の自由を保障するという意味で「自由国家」、国の関わりは最小限でいいという意味で「消極国家」、国の役割は国防や警察にかぎればいいという意味で「夜警国家」などとよばれます。

　こうして、産業革命をへて、資本主義経済がめざましく発展しましたが、19世紀から20世紀にかけて、貧困や失業など、貧富の差が大きくなり、社会的緊張を招きました。

　豊かな資本家は自由競争によってさらに豊かになる一方で、貧しい労働者はしいたげられて、ますます貧しくなりました。憲法の保障する自由が、立場の弱い労働者にとっては、貧乏や空腹の自由しかもたらさないという結果となったのです。

　いくら自由がすばらしくても、社会的・経済的な弱者を放っておくわけにはいきません。そこで、国が積極的に関わっていくべきではないかという考え方が生まれます。

　国は経済の調整をして、社会福祉のしくみをつくり、弱者を救うべきだ、という考えです。

これは、「自由国家」「消極国家」「夜警国家」に対して、「社会国家」「積極国家」「福祉国家」とよばれます。

社会権と現代立憲主義の登場

貧富の差をなくすという福祉国家の考え方を実現するには、2つの方向性があります。

1つは、国に対して人間らしい生活を求める「社会権」2巻を保障することです。具体的には、生活保護などの社会福祉のしくみをつくって、弱者を救い、引き上げる政策です。

もう1つは、強者の自由に制限をかけることです。たとえば、お金持ちからより多くの税金をとることで、強者と弱者のあいだの格差が広がりすぎないように調整したりすることです。

このように、福祉国家は、弱い立場の人を引き上げる政策と、強い立場の人をおさえる政策の2つをセットにして、貧富の差が広がりすぎない社会の実現をめざします。その目標ややり方を、憲法で定めておく立憲主義のことを、「現代立憲主義」とよびます。

現代立憲主義と行政国家現象

国が福祉国家をめざして、積極的な政策を行う場合、実行する役割を担うのは、「行政」5巻です。行政は、国会が制定した法律や予算にもとづいて、政策を執行することが中心です。福祉国家を実現するには、国防や警察だけでなく、医療や年金など社会保障の充実や、経済的強者への規制など、政府が国民生活に深く関わっていくことになります。

その結果、行政の権限が大きく複雑になり（「行政国家現象」）、そこで人権の中身が決められるようになります。たとえば、月いくらあれば「健康で文化的な最低限度の生活」（25条）ができるかは、その時点の経済状況に即した専門的判断が必要なので、厚生労働大臣が基準を決めます。生存権の内容を、憲法で規制されるべき行政が決めざるをえないのです。

このように、福祉国家にはよい面も危険な面もあります。だからこそ、憲法は国家権力に歯止めをかけて、個人の自由や権利を守るためにあるという「立憲主義」が大切なのです。

ワイマール（ヴァイマル）憲法

第151条　経済生活の秩序は、すべての者に人間に値する生活を保障することを目的とする正義の原則に適合しなければならない。

第153条　（省略）③所有権は義務をともなう。その行使は、同時に公共の福祉に役立つべきである。

ドイツの立憲主義

　ドイツは、1871年に、ようやく統一した国家がつくられました。イギリスやフランスとはちがって、議会の力が弱かったため、1871年につくられた「ドイツ帝国憲法」は、議会と国王がおたがいに抑制しあうことを定めた「欽定憲法」（君主が定める憲法）でした。

　国王が持つ国家権力に一定の歯止めをかけてはいましたが、国民の権利・自由の保障をめざした憲法ではなかったため、「外見的立憲主義」 19ページ ともよばれます。

　その後、第一次世界大戦で敗れたドイツは、1919年に「ワイマール（ヴァイマル）憲法」をつくります。この憲法は、国民主権 4巻 を定め、世界ではじめて社会権 2巻 を保障しました（第151条）。また、所有権に社会国家的な制限をかけた、153条3項の条文も有名です。

　そのため、ワイマール憲法は、当時もっとも先進的な憲法といわれ、現代立憲主義 15ページ のさきがけとなりました。

　当時、ドイツは、フランスやイギリスなどから第一次世界大戦の多額の賠償金を求められ、経済的にとても苦しい状況でした。そこに、労働者による1917年のロシア革命が起こり、ソビエト社会主義共和国連邦が誕生します。これに危機感を持った資本家たちが、労働者の不満をおさえるために、ワイマール憲法をつくったのです。

　しかし、経済的に苦しいドイツは、世界ではじめて憲法で保障した社会権を実現できる状況ではなく、「絵にかいた餅」に終わってしまいました。

ナチス・ドイツの全体主義

　しかし、もっとも先進的だったワイマール憲

法は、歴史上最悪の「全体主義」を生みだすことにもなりました。全体主義とは、個人が、民族などの全体に従うべきとする思想です。

1933年1月30日に党首ヒトラーが首相に選ばれたとき、ナチスは議会の3分の1の議席しかなく、つながりの深い保守政党の議席をあわせても、過半数に届きませんでした。

ところが、ヒトラーは、ワイマール憲法48条の「大統領緊急令」という、非常事態に憲法の条項を停止して非常措置をとることができる、という権限を濫用しました。この大統領緊急令によって、国民の基本的人権をつぎつぎと停止したり、共産党などの反ナチスの政党を弾圧していきました。そして同年3月23日、独裁体制をつくりだす「全権委任法」を成立させました。たった2か月間でのことでした。

こうして独裁体制を完成させたヒトラーは、戦争を拡大して、第二次世界大戦を起こし、おおぜいのユダヤ人を強制収容所にとじこめ、ガス室で虐殺しました。

暴走をくり返さない憲法に

戦後、ドイツは、先進的だったワイマール憲法がナチスの暴走を止められなかったことを深く反省し、とりわけきびしい立憲主義の憲法（ドイツ連邦共和国基本法）をつくりました。憲法に違反するかどうかを専門的に判断する、連邦憲法裁判所に違憲審査権をあたえ、国のあらゆる活動をきびしく監視することにしたのです。

ドイツはさらに、自由と民主主義を定める憲法を否定するような政党は違憲であると、憲法自体で定めています。その政党が違憲かどうかは、連邦憲法裁判所が判断することにしています。

憲法を国の政治に徹底することによって、個人の尊重を守ることにしたのです。

立憲主義と民主主義

民主主義とは何か

憲法で国家権力に歯止めをかけて人権を保障する政治を行う、近代以降の立憲主義は、「民主主義」と深く結びついています。

民主主義とは、リンカーン（1809〜1865年）の有名な言葉「人民の、人民による、人民のための政治」にあるように、自分たちのことは自分たちで決める、という考え方です。

「個人の尊重」をいちばん大切な価値観として、1人1人の人権を保障することを目的としている立憲主義は、政治も、1人1人の考えを出発点にして、主体的に参加して行われるべきだと考えます。つまり、個人を尊重するのにもっともふさわしい政治のあり方が、民主主義である、ということです。

多数決なら、何をやってもいい？

1人1人の考えといっても、社会の規模が大きくなってくると、全員が直接参加して政治を行うことはむずかしくなります。そこで、多くの国では、選挙で選ばれた代表者が議会に集まって、議論し決定する「議会制民主主義」 4巻 のしくみをとっています。そして、時間をかけて議論をしても、全員の意見がそろわないことがあるので、最終的にはより多くの意見を政治に反映するために「多数決」で決定します。

しかし、ここで注意してほしいのは、「多数決＝民主主義」ではない、ということです。ナチス・ドイツの暴走 16〜17ページ は、選挙で民主的に選ばれたことから始まっています。民主主義は、たんに多数の人たちの決定にもとづく政治をいうのではなく、少数の人たちの意見も十分に尊重されて、その人権が不当に奪われないような政治でなければなりません。これを「立憲民主主義」といいます。

民主主義は、少数の人たちの人権保障をないがしろにしないために、最終決定に行きつくまでの、審議・討論という過程が、とても大切なのです。

少数派　　多数派

日本国憲法の誕生

日本国憲法ができるまで	
明治	1868年 明治維新
	1874年 台湾出兵
	1882年 伊藤博文渡欧
	1885年 伊藤博文初代内閣総理大臣に
	1886年 伊藤博文ら憲法草案を作成
	1888年 枢密院で審議
	1889年 大日本帝国憲法発布（欽定憲法）
	1890年 第1回帝国議会
	1894年 日清戦争（〜95年まで）
	1904年 日露戦争（〜05年まで）
	1910年 韓国併合
大正	1914年 第一次世界大戦（〜18年まで）
	第一次世界大戦に参戦
	（ドイツに宣戦布告）
	1918年 原敬内閣の成立（本格的な政党内閣）
	1920年 国際連盟成立
	1925年 治安維持法・普通選挙法の公布
昭和	1929年 ニューヨークで株価が大暴落し 世界大恐慌
	1931年 満州事変
	1932年 五・一五事件（政党内閣の終わり）
	1933年 国際連盟脱退
	1935年 天皇機関説事件
	1937年 日中戦争
	1938年 国家総動員法
	1939年 第二次世界大戦
	1940年 大政翼賛会の発足
	1941年 太平洋戦争
	1945年 ポツダム宣言を受諾し敗戦
	10月 国際連合成立
	1946年 2月 マッカーサー草案
	6〜10月 議会での審議・議決
	11月3日 日本国憲法公布
	1947年 5月3日 日本国憲法施行

近代日本の歩み

　日本の近代は明治維新で始まりますが、明治政府は、アメリカやフランスのように、市民革命によってできた政府ではありません。当時は、天皇を中心にして、国を1つにまとめるための憲法が求められ、政府から伊藤博文（1841〜1909年）らがドイツなどに派遣され、ドイツ帝国憲法 15〜16ページ などを参考にして、「大日本帝国憲法」（明治憲法）をつくったのです。

　この憲法は天皇（君主）の権力に歯止めをかける形をとっている点で、アジア初の立憲主義憲法でした。

　しかし大日本帝国憲法は、個人の人権を守ることから出発した憲法ではなく、軍備拡張と経済発展という国づくりのためにつくられたものであり、当時のドイツと同じように、見せかけだけの外見的立憲主義 16ページ にすぎませんでした。そのため、個人の尊重や自然権 11ページ の考え方は欠けていたのです。

日本の全体主義

　「大正デモクラシー」とよばれる、自由と民主主義が花開いた時期もありましたが、1929年からの世界大恐慌は、日本にも大きな混乱をあたえました。日本はいっそう軍事化を進め、強権政治へと向かいます。

　その柱となったのは、「国体」思想です。大日本帝国憲法1条や3条は、国体思想を表したものです。1条は「大日本帝国ハ万世一系ノ天皇之ヲ統治ス」と定めます。これは、今もむかしも永遠に同じ血筋の天皇が日本を治めるとい

う意味で、天皇を君主とする君主国家であることを宣言しています。3条には「天皇ハ神聖ニシテ侵スヘカラス」とあり、天皇は「現人神」（神が人のすがたになってこの世に現れたもの）であるから、侵すことができないと定めています。臣民（君主国家の国民）は天皇を尊敬することが強制され、天皇に対する失礼な行為は「不敬罪」として罰せられました。

　こうしたなかで軍部が、1931年に満州事変（「満州」とよばれた中国東北部を日本軍が侵略した戦争）、1932年に五・一五事件（軍の青年将校たちが首相官邸などをおそい、犬養毅首相を殺害した事件）を起こし、政治の実権を握っていきました。

　そして、1935年の「天皇機関説事件」が、大日本帝国憲法の立憲主義的要素にとどめを刺しました。天皇は国家の機関にすぎないとする学説（天皇機関説）を唱えた憲法学者の美濃部達吉が、政府から、著書の発売禁止（発禁）と、あらゆる公職からの追放を受けたのです。

　1937年、満州事変を発端として拡大した日中戦争が始まりました。その年、当時の文部省は「国体の本義」という文書を出し、臣民に、古事記や日本書紀といった神話にもとづいて「国体」を尊重すること、天皇に絶対的に服従することを求めました。個人の尊重や民主主義は徹底的に排除され、全体主義 16ページ が日本の社会をおおっていったのです。

　日本は戦争の道をつき進み、1931年の満州事変から1945年の第二次世界大戦終了まで、15年におよぶ侵略戦争によって、310万人の日本人、2000万人以上のアジア・太平洋の国ぐにの人びとが犠牲になる、人類史上、未曾有の犠牲者を出したのです。

日本国憲法の誕生

　1945年8月、日本はポツダム宣言を受けいれ、アメリカ・イギリスなどの連合国に降伏しました。

　ポツダム宣言は、日本政府に対して、軍国主

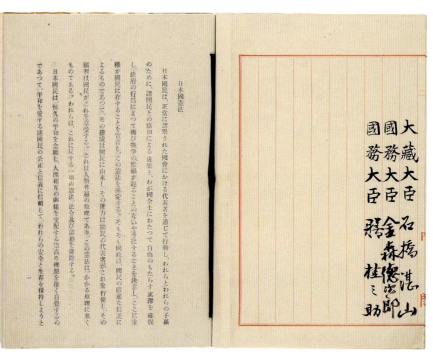

義の勢力をとりのぞくこと、植民地・占領地を手放すこと、軍隊を解散させること、戦争犯罪人を処罰することのほか、民主主義を強化すること、基本的人権を尊重することなどを要求しました。大日本帝国憲法をおおもとから変えることが求められました。

GHQ（連合国軍総司令部）がつくった草案（マッカーサー草案）をもとにした憲法改正案は、戦後初めて行われた男女普通選挙 2巻 によって選ばれた国会で審議され、一部修正ののち可決されました。1946年11月3日、立憲主義の要素を全面的にとり入れた日本国憲法が公布され、1947年5月3日に施行されました。

前文と103条の条文からなる日本国憲法は、つぎの4つの点が大きな特徴です。

1つ目は、国民主権の原理（前文・1条）が明記され、表現の自由の保障（21条）をふくめたさまざまな民主的な制度がとり入れられたことです。2つ目は、憲法全体をささえる根本価値として、「個人の尊重」（13条）が明記された

ことです。3つ目には、憲法の最高法規性（98条1項）や、公務員の憲法尊重擁護義務（99条）、立憲政治を実現するための裁判所の違憲審査権（81条）などが定められました。以上の3つは、立憲主義を具体化したものです。

さらに、4つ目として、戦争が立憲主義にとって最大の敵であるという深い反省のうえに、「平和主義」を憲法に明記しました。

日本国憲法の構成

前文
第1章　天皇 第1条〜第8条
第2章　戦争の放棄 第9条
第3章　国民の権利及び義務 第10条〜第40条
第4章　国会 第41条〜第64条
第5章　内閣 第65条〜第75条
第6章　司法 第76条〜第82条
第7章　財政 第83条〜第91条
第8章　地方自治 第92条〜第95条
第9章　改正 第96条
第10章　最高法規 第97条〜第99条
第11章　補則 第100条〜第103条

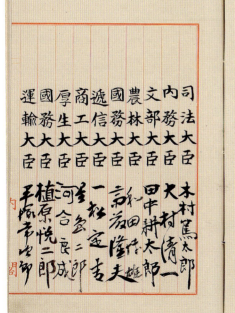

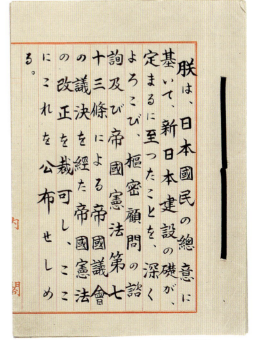

▲日本国憲法（部分）

大日本帝国憲法から日本国憲法へ

	大日本帝国憲法（1890年11月29日施行）		日本国憲法（1947年5月3日施行）
性格	欽定憲法（君主が定める）	▶	民定憲法（国民が定める）
主権者	天皇主権	▶	国民主権
国家権力	統治権の総攬者（天皇）	▶	三権分立（立法・行政・司法）
議会	天皇の協賛機関	▶	国民の代表機関、国権の最高機関、唯一の立法機関
内閣	天皇を助けて政治を行う（天皇に対して責任を負う）	▶	議院内閣制（国会に対して責任を負う）
裁判所	天皇の名において司法権を行使	▶	司法権の独立
地方自治	徹底した中央集権	▶	地方自治を保障
人権	臣民の権利にすぎない（法律の範囲内で認める）	▶	天賦人権思想（永久不可侵の基本的人権を保障）
平等	華族制度など	▶	貴族制度を廃止
宗教	神社神道と事実上結びつく	▶	政教分離
教育	教育勅語を通じ国が介入	▶	教育内容に介入しない
国民の義務	兵役、納税、（教育）	▶	教育、勤労、納税
戦争と平和	戦争し続けた	▶	平和主義
基本理念	国家のための個人（国家主義・全体主義）国家・天皇を大切にする	▶	個人のための国家（個人の尊重・個人主義）ひとりひとりを大切にする

国民の義務は少なすぎる？

憲法は第3章「国民の権利及び義務」（10条〜40条）でさまざまな権利・自由について定めています 2巻 が、義務として出てくるのは、「子どもに普通教育を受けさせる義務」（26条2項）、「勤労の義務」（27条1項）、「納税の義務」（30条）の3つしかありません。

人権保障のために国家権力に歯止めをかける立憲主義の憲法である以上、義務が少ないのは当然です。むしろ義務を書かなくてもいいくらいなのですから、「憲法は人権規定ばかりで義務が少ないから、わがまま勝手

な国民になるのだ」というほうがまちがっています。

現に、「子どもに普通教育を受けさせる義務」は親の子どもに対する責任です。「勤労の義務」は労働を強制する意味ではなく、働けるのに働かない人は保護しない、という意味にすぎません。ですから、義務らしい義務は「納税の義務」だけです。これは、国民は、自分たちの権利を守るために国という組織をつくったのだから、国を運営する費用も国民が負担すべきだ、と考えられているものです。

日本国憲法の基本原理

他国の憲法と同じところ・ちがうところ

　日本国憲法は、世界の歴史と無関係にできたものでも、GHQのマッカーサーに押しつけられて、しかたなく受けいれたものでもありません。日本国憲法には、世界の歴史のなかで発展してきた人類の英知ともいうべき、立憲主義の要素 21ページ が多くとり入れられています。イギリスやアメリカ、フランス、ドイツなどの憲法と同じように、立憲主義をしっかりと受けついでいます。それと同時に、日本国憲法は、他国の憲法にはない、人類の理想を形にしたものでもあります。それは徹底した「平和主義」 3巻 をとっていることです。平和主義は、人類史上、もっとも先進的で個性的な特徴です。

3つの基本原理

　日本国憲法は、いちばん大切な「個人の尊重」という考え方を土台にして、「基本的人権の尊重」 2巻、「国民主権」 4巻、「平和主義」 3巻 という３つの基本原理をかかげています。

　憲法がつくられた理由や目的が書かれている「前文」の第１段には、この３つの基本原理が宣言されています。「平和であってはじめて自由でいられるのだから、今までのような君主政治ではなく民主政治を行っていこう、そのためにこの憲法をつくったのだ」という内容です。

３つの基本原理の関係

　この３つの基本原理は、つぎのような関係にあります。

　日本国憲法は、個人の尊重を頂点にして、「基本的人権の尊重」と「平和主義」という２つの目的を実現するためにつくられました。同時に、この２つの目的を実現するのにもっともふさわしい手段として、「国民主権」や「三権分立（権力分立）」 4巻、「地方自治」 5巻 などの統治のしくみや、憲法そのものの破壊を防ぐための「憲法保障」の制度 5巻 も定めています。

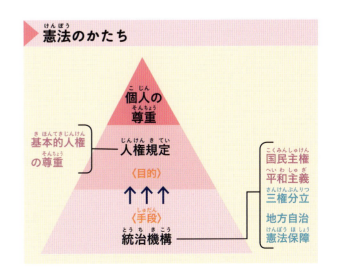

憲法のかたち

人権保障と不断の努力

第11条　国民は、すべての基本的人権の享有を妨げられない。この憲法が国民に保障する基本的人権は、侵すことのできない永久の権利として、現在及び将来の国民に与へられる。

 国民はだれでも、すべての人権を持っています。このような人権は、公権力よって侵されてはならないものです。そして、人間として生まれた、またこれから生まれてくる将来のすべての人に与えられる永久のものだ、としています。

第12条　この憲法が国民に保障する自由及び権利は、国民の不断の努力によつて、これを保持しなければならない。又、国民は、これを濫用してはならないのであつて、常に公共の福祉のためにこれを利用する責任を負ふ。

この憲法が国民に保障する人権を、国民は努力しつづけることで守っていかなければならない。そして、人権を行使するときには、自分のことだけを考えて他の人に迷惑をかけることがないように使わなければならない、としています。

だれでも当然に人権を持っている 11条

　人権は、国家や天皇からあたえられるものではなく、人間である、というただそれだけで、当然に保障されるものです（人権の固有性）。また、人種や性別などに関係なく、だれもが持っているものです（人権の普遍性）。

　条文では「国民」とありますが、だれでも生まれながらに持っているものなので、外国人にも性質上可能なかぎり、人権が保障されます。

　そして人権は「侵すことのできない永久の権利」であって、国家によって侵害されないものです（人権の不可侵性）。

　基本的人権の性質を定める11条は、ロックの「自然権」の考え方 11ページ を受けついだものです。

人権を持つことの責任 12条

　しかし人権は、歴史上、あたりまえのように保障されてきたものではありません。

　日本で男女平等の選挙権が認められたのは、第二次世界大戦終了後の1945年です。アメリカには先住民の人権侵害や黒人差別があり、イギリスは植民地の人びとを搾取し、フランスの人権宣言に女性はふくまれていませんでした。

　人権は世界の人びとのたたかいによって勝ちとられてきたものです（97条、9ページ）。そして積極的に主張しつづけなければ、消えてしまうかもしれないものです。先人が残してくれた人権という遺産を、つぎの世代にもしっかり手渡せるように、「不断の努力」が必要です。人権を主張することは、今を生きるわたしたちの責任だと、12条で定めています。

幸福追求権と新しい人権

第13条　すべて国民は、個人として尊重される。生命、自由及び幸福追求に対する国民の権利については、公共の福祉に反しない限り、立法その他の国政の上で、最大の尊重を必要とする。

「個人の尊重」 8ページ でもとりあげた条文ですね。すべての国民は、ひとりひとりの個人として尊重される。そして、個人の生命、自由、幸福を追求する権利は、ほかの人権を傷つけない限り、国の政治を行う上で最大に尊重される、ということです。

幸福追求権って何？

13条には、いちばん大切な「個人の尊重」のほかに、もう1つ大事なことが定められていま

す。後段に「生命、自由及び幸福追求に対する国民の権利」と書かれている権利のことです。これを「幸福追求権」といいます。

幸福追求権は、幸福を「要求」する権利ではなく、幸福を「追求」する権利であることがポイントです。何が幸福なのかは、人によってそれぞれちがいます。ですから、それぞれが「自分なりの幸福を追い求めること」を、権利として保障したのです。アメリカ独立宣言 11ページ に由来する、歴史ある権利です。

そして、1人1人の幸福の追求には、すべての人権が保障されていることが必要になるので、幸福追求権は、あらゆる人権を丸ごと保障するものなのです。これを「包括的基本権」といいます。

包括的基本権である幸福追求権は、今日とても重要な意味を持っています。「新しい人権」を認める、根拠としての条文になっているからです。

新しい人権って何？

日本国憲法は第3章「国民の権利及び義務」 2巻 でさまざまな権利を定めています。その権利の多くは、歴史的に国家権力によって侵害さ

れることが多かった、重要な権利・自由を例示したもので、すべての人権をあげているわけではありません。

何が人権かは時代により変化するのです。社会の変化にともなって、人間らしく生きるために必要不可欠な権利・自由だから保障すべきだと考えられるようになった権利が、新しく生まれています。

それらは「新しい人権」とよばれ、あらゆる権利を丸ごと保障している、幸福追求権によって保障されると考えられています。

これらは、たとえば肖像権やプライバシーの権利、自己決定権、環境権などです。

肖像権・プライバシーの権利

「肖像権」と「プライバシーの権利」は、最高裁判所でも認められた権利です。

「肖像権」は、写真を勝手に撮られたくないというときに主張する権利です。

「プライバシーの権利」とは、はじめは、1人で放っておいてもらう権利や、私生活をみだ

りに公開されない権利だと考えられてきました。しかし、現代のような情報化社会では、国家が個人情報を収集・管理することが可能になり、個人にとって脅威です。そのため、現在では、プライバシーの権利とは、自分についての情報を自分でコントロールする権利（情報プライバシー権）と考えられています。

自己決定権・環境権

「自己決定権」とは、個人が一定の私的なことがらについて、国や地方公共団体から干渉を受けずに、自分自身で決定する権利のことです。たとえば、子どもを産む・産まない自由や、結婚・離婚など、家族のあり方を決めることなどです。

「環境権」は、環境破壊を予防し、良好な環境のなかで生活できるように主張された権利です。1960年代の高度経済成長の時代に、大気汚染、水質汚濁、騒音、振動などの公害が発生したことから生まれました。

国際化する人権保障

人権についての主な国際条約

	条約	日本の批准年
1948年	世界人権宣言	—
1951年	難民条約	1981年
1965年	人種差別撤廃条約	1995年
1966年	国際人権規約	1979年
1979年	女性差別撤廃条約	1985年
1984年	拷問禁止条約	1999年
1989年	子どもの権利条約	1994年
1989年	死刑廃止条約	未批准
2006年	障害者権利条約	2014年

国際条約による人権保障

　社会の変化にともなって、人権の内容が豊かに発展してきたように、各国が自国内で人権を保障するだけでなく、国際的に人権を保障するとりくみが広がっています。

　その最初の試みが、1948年に国連総会で採択された「世界人権宣言」で、「すべての人民とすべての国とが達成すべき共通の基準」が宣言されました。

　その実現のために、1966年に採択されたのが「国際人権規約」です。「経済的、社会的及び文化的権利に関する国際規約」（社会権規約、A規約）と「市民的及び政治的権利に関する国際規約」（自由権規約、B規約）から成り立っていて、もっとも基本となる条約です。

国連人権理事会の活動

　国際社会には現在、人権を侵害された個人がじかに訴えることのできる裁判所はありません。しかし、2006年に国連に設置された人権理事会が、加盟国の人権状況を審査し、勧告を出すなどして、人権保障を促進する活動をしています。

　これには、人権保障にとりくむNGO（非政府組織）や、弁護士会などの民間組織も、重要な役割を果たしています。

　日本政府は、女性に対する差別、子どもに対する体罰、在日コリアンに対する差別などについて、人権理事会から勧告を受けています。98条2項で「国際協調主義」をとっていることを考えても、これらの勧告を誠実に受けとめ、積極的に人権保障にとりくむべきです。

参考条文

第98条　（省略）②日本国が締結した条約及び確立された国際法規は、これを誠実に遵守することを必要とする。

日本と外国との合意や、現在の国際社会で一般に認められている国際法規は、誠実に守らなければなりません。

法の下の平等

第14条　①すべて国民は、法の下に平等であつて、人種、信条、性別、社会的身分又は門地により、政治的、経済的又は社会的関係において、差別されない。
②華族その他の貴族の制度は、これを認めない。
③栄誉、勲章その他の栄典の授与は、いかなる特権も伴はない。栄典の授与は、現にこれを有し、又は将来これを受ける者の一代に限り、その効力を有する。

1項は、すべての国民は国から平等にあつかわれるべきとします。たとえば、人種、ものの考え方、性別、もって生まれた地位、出身地や家柄のちがいによって、国とのあらゆる関係で差別を受けない、としています。
2項は、第二次世界大戦終了前にあった華族のような貴族制度は、認めない、としています。
3項では、名誉を表彰されたり勲章をもらうなどして国から称えられても、その国民が特別あつかいされることはないとしています。栄典は、受けたその人の一代限りのものであり、その人の子どもや孫に引きつがれない、ということです。

自由とならぶ「平等」の原理

「平等」は、近代立憲主義 13ページ 憲法の基本理念の1つです。人権の歴史において、「自由」と同様に、個人を尊重することから生まれた、つねに最高の目的とされてきました。フランスの人権宣言第1条 12ページ には、自由と平等が

ならんで明記されています。
しかし、自由と平等は、相反する側面も持っています。資本主義経済がめざましく発達した19〜20世紀にかけて、平等は、すべての個人を均等にとりあつかい、個人の自由な活動を保障する「形式的平等」（機会の平等）だと考えられていました。これは、自由国家 14ページ 的な

平等の考え方です。

ところがその結果、貧富の格差を招きました。そこで、社会的・経済的な弱者をより厚く保護することによって、ほかの国民と同等の自由と生存を保障することが求められるようになります。このような平等の理念を、「実質的平等」（条件の平等）といいます。この社会福祉国家 15ページ 的な平等の考え方にもとづいて、社会権 2巻 も生まれました。

日本国憲法における平等原則

近代・現代立憲主義 14～15ページ を受けついでいる日本国憲法でも、平等について定めています。もっとも重要なのは、14条1項の「すべて国民は、法の下に平等」という部分で、平等の基本原則を宣言しています。

さらに、貴族制度の廃止（14条2項）、栄典にともなう特権を禁止すること（14条3項）、普通選挙の原則（15条3項）2巻、選挙人の資格の平等（44条）、夫婦の同等と両性の本質的平等（24条）31ページ、教育の機会均等（26条）2巻という規定を特別において、「平等権」を保

障し、平等原則を徹底するようにしています。

なお、天皇の血筋をひいた人だけが天皇になれるとする世襲の天皇制 4巻 は、平等原則の例外です。

「法の下の平等」の意味

わたしたち1人1人には、性別、能力、年齢、財産、職業など、さまざまな個性や特徴があります。そのようなちがいを無視して機会さえ平等にあたえられていれば足りるとあつかうのは、結果として弱者を不平等にあつかうことになります。たとえば、所得の低い人に高額所得者と同額の税を課すのは、結果として不平等になります。

そこで、14条1項の「平等」とは、事実上のちがいを前提として、同じ事情と条件のもとでは均等にとりあつかうことを意味する「相対的平等」であると考えられています。

したがって、基準があいまいな差別は当然許されませんが、異なるとりあつかいをするのに合理的な理由がある場合には、平等違反にはなりません。

参考条文	
第15条 （1項・2項、省略）③公務員の選挙については、成年者による普通選挙を保障する。（4項、省略）	国会議員などの公務員の選挙は、成年者であるすべての人による選挙で行う、としています。
第44条 両議院の議員及びその選挙人の資格は、法律でこれを定める。但し、人種、信条、性別、社会的身分、門地、教育、財産又は収入によつて差別してはならない。	だれが選挙権と被選挙権をもつかは、法律で定めることとします。ただし、人種、信条、性別、社会的身分、門地、教育（学力と知能）、財産または収入のちがいによって差別してはなりません。
第26条 ①すべて国民は、法律の定めるところにより、その能力に応じて、ひとしく教育を受ける権利を有する。（2項、省略）	国民はだれでも、国が法律を定めてつくったしくみを利用し、それぞれの能力に合わせて、平等に教育を受ける権利をもつ、としています。

なお、14条1項の平等原則に反するかどうか争われている例に、国政選挙における1票の格差の問題があります。選挙区によって1票の投票価値に差があるのは不平等だと主張して、「1人1票裁判」 4巻 が起こされています。

差別とは？

　14条1項では、「人種、信条、性別、社会的身分又は門地」によって差別されないとあります。

　「人種」による差別とは、たとえば、ユダヤ人差別や黒人差別、黄色人種差別などがあげられます。日本でも、在日コリアンやアイヌ民族への差別が問題となっています。

　「信条」とは、宗教上の信仰だけでなく、思想や政治的な主義など、ものごとに対する考え方をふくみます。たとえば、ある宗教を信仰していることや、ある政党を支持していることで差別があってはなりません。

　「性別」による差別は、歴史的には世界各国で広く行われています。女性の参政権が代表例で、第二次世界大戦終了前の日本でも、女性には選挙権がなく、男女平等の選挙権は1945年にはじめて認められました。とくに家族生活における男女平等を定めたのが24条 31ページ です。

　「社会的身分」とは、社会で占める継続的な地位のことです。たとえば特定の地域の出身者であることがあげられます。「部落差別」はこの例です。

　「門地」とは、家系・血筋などの家柄を意味します。第二次世界大戦終了前の華族・士族・平民などがこれにあたります。14条2項では、華族などの貴族制度を明確に否定しています。

　これらの具体例はたんなる例示だと考えられています。これら以外の、たとえば学歴や所得などによる差別も許されません。

家族生活での両性の平等

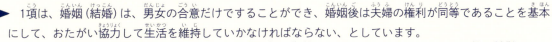

> 第24条 ①婚姻は、両性の合意のみに基いて成立し、夫婦が同等の権利を有すること
> を基本として、相互の協力により、維持されなければならない。
> ②配偶者の選択、財産権、相続、住居の選定、離婚並びに婚姻及び家族に関するその
> 他の事項に関しては、法律は、個人の尊厳と両性の本質的平等に立脚して、制定さ
> れなければならない。

1項は、婚姻（結婚）は、男女の合意だけですることができ、婚姻後は夫婦の権利が同等であることを基本にして、おたがい協力して生活を維持していかなければならない、としています。

2項は、配偶者（結婚相手）をだれにするか、家庭内の財産をだれのものとするか、だれが何を相続するか、住居をどこにするか、離婚や結婚、その他の家族関係を定める法律は、個人の尊重と法の下の平等に従わなければならない、としています。

結婚は本人たちの同意だけでできる

第二次世界大戦終了後に民法が改正されるまでは、「家」制度が定められていました。戸主（家長、家の責任者）が家の統率権限をもっていて、結婚するにも戸主の同意が必要とされました。妻にはなんの権限もなく、財産の管理、親権（未成年者の子どもに対する権利）、住居の決定なども、すべて夫だけの権限でした。

そこで24条1項は「家」制度を否定し、結婚は、本人たちの同意だけでできるとして個人の尊重を実現し、夫婦がもつ権利も対等なのだと両性の平等を宣言しました。

2項では、1項の理念を具体的に定めています。第二次世界大戦終了前の民法では、二男よりも長男が、女よりも男が有利でした。24条にもとづいて、戦後、民法が改正され、男女やきょうだいで順番をつけるしくみが廃止されました。

ベアテさんの贈りもの

24条は、個人の尊重（13条）と平等原則（14条）を具体化したものですが、この規定を憲法にもりこむことに尽力したのは、ベアテ・シロタ・ゴードンさんという当時22歳のアメリカの女性でした。ベアテさんは、第二次世界大戦終了前の日本の女性差別の実態をよく知っていました。GHQの憲法草案制定会議のメンバーとなったベアテさんは、日本が世界のさきがけになってほしいとの願いもこめて、アメリカ合衆国憲法にもない男女平等の条文を、日本国憲法に贈ったのです。

その結婚は許さん！

日本国憲法 1946（昭和21）年11月3日公布、1947年（昭和22）年5月3日施行

前文

日本国民は、正当に選挙された国会における代表者を通じて行動し、われらとわれらの子孫のために、諸国民との協和による成果と、わが国全土にわたつて自由のもたらす恵沢を確保し、政府の行為によつて再び戦争の惨禍が起ることのないやうにすることを決意し、ここに主権が国民に存することを宣言し、この憲法を確定する。そもそも国政は、国民の厳粛な信託によるものであつて、その権威は国民に由来し、その権力は国民の代表者がこれを行使し、その福利は国民がこれを享受する。これは人類普遍の原理であり、この憲法は、かかる原理に基くものである。われらは、これに反する一切の憲法、法令及び詔勅を排除する。

日本国民は、恒久の平和を念願し、人間相互の関係を支配する崇高な理想を深く自覚するのであつて、平和を愛する諸国民の公正と信義に信頼して、われらの安全と生存を保持しようと決意した。われらは、平和を維持し、専制と隷従、圧迫と偏狭を地上から永遠に除去しようと努めてゐる国際社会において、名誉ある地位を占めたいと思ふ。われらは、全世界の国民が、ひとしく恐怖と欠乏から免かれ、平和のうちに生存する権利を有することを確認する。

われらは、いづれの国家も、自国のことのみに専念して他国を無視してはならないのであつて、政治道徳の法則は、普遍的なものであり、この法則に従ふことは、自国の主権を維持し、他国と対等関係に立たうとする各国の責務であると信ずる。

日本国民は、国家の名誉にかけ、全力をあげてこの崇高な理想と目的を達成することを誓ふ。

※漢数字は数字にしています。

※①、②、③…は項、1、2、3は号を示します。

※横組みにしているため、第7条、第73条にある「左の」は「下の」にあたります。

第1章　天皇

第1条　天皇は、日本国の象徴であり日本国民統合の象徴であつて、この地位は、主権の存する日本国民の総意に基く。

第2条　皇位は、世襲のものであつて、国会の議決した皇室典範の定めるところにより、これを継承する。

第3条　天皇の国事に関するすべての行為には、内閣の助言と承認を必要とし、内閣が、その責任を負ふ。

第4条　①天皇は、この憲法の定める国事に関する行為のみを行ひ、国政に関する権能を有しない。

②天皇は、法律の定めるところにより、その国事に関する行為を委任することができる。

第5条　皇室典範の定めるところにより摂政を置くときは、摂政は、天皇の名でその国事に関する行為を行ふ。この場合には、前条第1項の規定を準用する。

第6条　①天皇は、国会の指名に基いて、内閣総理大臣を任命する。

②天皇は、内閣の指名に基いて、最高裁判所の長たる裁判官を任命する。

第7条　天皇は、内閣の助言と承認により、国民のために、左の国事に関する行為を行ふ。

1　憲法改正、法律、政令及び条約を公布すること。

2　国会を召集すること。

3　衆議院を解散すること。

4　国会議員の総選挙の施行を公示すること。

5　国務大臣及び法律の定めるその他の官吏の任免並びに全権委任状及び大使及び公使の信任状を認証すること。

6　大赦、特赦、減刑、刑の執行の免除及び復権を認証すること。

7　栄典を授与すること。

8　批准書及び法律の定めるその他の外交文書を認証すること。

9　外国の大使及び公使を接受すること。

10　儀式を行ふこと。

第8条　皇室に財産を譲り渡し、又は皇室が、財産を譲り受け、若しくは賜与することは、国会の議決に基かなければならない。

第2章　戦争の放棄

第9条　①日本国民は、正義と秩序を基調とする国際平和を誠実に希求し、国権の発動たる戦争と、武力による威嚇又は武力の行使は、国際紛争を解決する手段としては、永久にこれを放棄する。

②前項の目的を達するため、陸海空軍その他の戦力は、これを保持しない。国の交戦権は、これを認めない。

日本国憲法の原文は、たて書き、旧漢字、旧かなづかいで書かれています20〜21ページ。

第3章　国民の権利及び義務

第10条　日本国民たる要件は、法律でこれを定める。

第11条　国民は、すべての基本的人権の享有を妨げられない。この憲法が国民に保障する基本的人権は、侵すことのできない永久の権利として、現在及び将来の国民に与へられる。

第12条　この憲法が国民に保障する自由及び権利は、国民の不断の努力によつて、これを保持しなければならない。又、国民は、これを濫用してはならないのであつて、常に公共の福祉のためにこれを利用する責任を負ふ。

第13条　すべて国民は、個人として尊重される。生命、自由及び幸福追求に対する国民の権利については、公共の福祉に反しない限り、立法その他の国政の上で、最大の尊重を必要とする。

第14条　①すべて国民は、法の下に平等であつて、人種、信条、性別、社会的身分又は門地により、政治的、経済的又は社会的関係において、差別されない。

②華族その他の貴族の制度は、これを認めない。

③栄誉、勲章その他の栄典の授与は、いかなる特権も伴はない。栄典の授与は、現にこれを有し、又は将来これを受ける者の一代に限り、その効力を有する。

第15条　①公務員を選定し、及びこれを罷免することは、国民固有の権利である。

②すべて公務員は、全体の奉仕者であつて、一部の奉仕者ではない。

③公務員の選挙については、成年者による普通選挙を保障する。

④すべて選挙における投票の秘密は、これを侵してはならない。選挙人は、その選択に関し公的にも私的にも責任を問はれない。

第16条　何人も、損害の救済、公務員の罷免、法律、命令又は規則の制定、廃止又は改正その他の事項に関し、平穏に請願する権利を有し、何人も、かかる請願をしたためにいかなる差別待遇も受けない。

第17条　何人も、公務員の不法行為により、損害を受けたときは、法律の定めるところにより、国又は公共団体に、その賠償を求めることができる。

第18条　何人も、いかなる奴隷的拘束も受けない。又、犯罪に因る処罰の場合を除いては、その意に反する苦役に服させられない。

第19条　思想及び良心の自由は、これを侵してはならない。

第20条　①信教の自由は、何人に対してもこれを保障する。いかなる宗教団体も、国から特権を受け、又は政治上の権力を行使してはならない。

②何人も、宗教上の行為、祝典、儀式又は行事に参加することを強制されない。

③国及びその機関は、宗教教育その他いかなる宗教的活動もしてはならない。

第21条　①集会、結社及び言論、出版その他一切の表現の自由は、これを保障する。

②検閲は、これをしてはならない。通信の秘密は、これを侵してはならない。

第22条　①何人も、公共の福祉に反しない限り、居住、移転及び職業選択の自由を有する。

②何人も、外国に移住し、又は国籍を離脱する自由を侵されない。

第23条　学問の自由は、これを保障する。

第24条　①婚姻は、両性の合意のみに基いて成立し、夫婦が同等の権利を有することを基本として、相互の協力により、維持されなければならない。

②配偶者の選択、財産権、相続、住居の選定、離婚並びに婚姻及び家族に関するその他の事項に関しては、法律は、個人の尊厳と両性の本質的平等に立脚して、制定されなければならない。

第25条　①すべて国民は、健康で文化的な最低限度の生活を営む権利を有する。

②国は、すべての生活部面について、社会福祉、社会保障及び公衆衛生の向上及び増進に努めなければならない。

第26条　①すべて国民は、法律の定めるところにより、その能力に応じて、ひとしく教育を受ける権利を有する。

②すべて国民は、法律の定めるところにより、その保護する子女に普通教育を受けさせる義務を負ふ。義務教育は、これを無償とする。

第27条　①すべて国民は、勤労の権利を有し、義務を負ふ。

②賃金、就業時間、休息その他の勤労条件に関する基準は、法律でこれを定める。

③児童は、これを酷使してはならない。

第28条　勤労者の団結する権利及び団体交渉その他の団体行動をする権利は、これを保障する。

第29条　①財産権は、これを侵してはならない。

②財産権の内容は、公共の福祉に適合するやうに、法律でこれを定める。

③私有財産は、正当な補償の下に、これを公共のために用ひることができる。

第30条 国民は、法律の定めるところにより、納税の義務を負ふ。

第31条 何人も、法律の定める手続によらなければ、その生命若しくは自由を奪はれ、又はその他の刑罰を科せられない。

第32条 何人も、裁判所において裁判を受ける権利を奪はれない。

第33条 何人も、現行犯として逮捕される場合を除いては、権限を有する司法官憲が発し、且つ理由となつてゐる犯罪を明示する令状によらなければ、逮捕されない。

第34条 何人も、理由を直ちに告げられ、且つ、直ちに弁護人に依頼する権利を与へられなければ、抑留又は拘禁されない。又、何人も、正当な理由がなければ、拘禁されず、要求があれば、その理由は、直ちに本人及びその弁護人の出席する公開の法廷で示されなければならない。

第35条 ①何人も、その住居、書類及び所持品について、侵入、捜索及び押収を受けることのない権利は、第33条の場合を除いては、正当な理由に基いて発せられ、且つ捜索する場所及び押収する物を明示する令状がなければ、侵されない。
②捜索又は押収は、権限を有する司法官憲が発する各別の令状により、これを行ふ。

第36条 公務員による拷問及び残虐な刑罰は、絶対にこれを禁ずる。

第37条 ①すべて刑事事件においては、被告人は、公平な裁判所の迅速な公開裁判を受ける権利を有する。
②刑事被告人は、すべての証人に対して審問する機会を充分に与へられ、又、公費で自己のために強制的手続により証人を求める権利を有する。
③刑事被告人は、いかなる場合にも、資格を有する弁護人を依頼することができる。被告人が自らこれを依頼することができないときは、国でこれを附する。

第38条 ①何人も、自己に不利益な供述を強要されない。
②強制、拷問若しくは脅迫による自白又は不当に長く抑留若しくは拘禁された後の自白は、これを証拠とすることができない。
③何人も、自己に不利益な唯一の証拠が本人の自白である場合には、有罪とされ、又は刑罰を科せられない。

第39条 何人も、実行の時に適法であつた行為又は既に無罪とされた行為については、刑事上の責任を問はれない。又、同一の犯罪について、重ねて刑事上の責任を問はれない。

第40条 何人も、抑留又は拘禁された後、無罪の裁判を受けたときは、法律の定めるところにより、国にその補償を求めることができる。

第4章 国会

第41条 国会は、国権の最高機関であつて、国の唯一の立法機関である。

第42条 国会は、衆議院及び参議院の両議院でこれを構成する。

第43条 ①両議院は、全国民を代表する選挙された議員でこれを組織する。
②両議院の議員の定数は、法律でこれを定める。

第44条 両議院の議員及びその選挙人の資格は、法律でこれを定める。但し、人種、信条、性別、社会的身分、門地、教育、財産又は収入によつて差別してはならない。

第45条 衆議院議員の任期は、4年とする。但し、衆議院解散の場合には、その期間満了前に終了する。

第46条 参議院議員の任期は、6年とし、3年ごとに議員の半数を改選する。

第47条 選挙区、投票の方法その他両議院の議員の選挙に関する事項は、法律でこれを定める。

第48条 何人も、同時に両議院の議員たることはできない。

第49条 両議院の議員は、法律の定めるところにより、国庫から相当額の歳費を受ける。

第50条 両議院の議員は、法律の定める場合を除いては、国会の会期中逮捕されず、会期前に逮捕された議員は、その議院の要求があれば、会期中これを釈放しなければならない。

第51条 両議院の議員は、議院で行つた演説、討論又は表決について、院外で責任を問はれない。

第52条 国会の常会は、毎年1回これを召集する。

第53条 内閣は、国会の臨時会の召集を決定することができる。いづれかの議院の総議員の4分の1以上の要求があれば、内閣は、その召集を決定しなければならない。

第54条 ①衆議院が解散されたときは、解散の日から40日以内に、衆議院議員の総選挙を行ひ、その選挙の日から30日以内に、国会を召集しなければならない。
②衆議院が解散されたときは、参議院は、同時に閉会となる。但し、内閣は、国に緊急の必要があるときは、参議院の緊急集会を求めることができる。
③前項但書の緊急集会において採られた措置は、臨時のも

のであつて、次の国会開会の後10日以内に、衆議院の同意がない場合には、その効力を失ふ。

第55条 両議院は、各々その議員の資格に関する争訟を裁判する。但し、議員の議席を失はせるには、出席議員の3分の2以上の多数による議決を必要とする。

第56条 ①両議院は、各々その総議員の3分の1以上の出席がなければ、議事を開き議決することができない。

②両議院の議事は、この憲法に特別の定のある場合を除いては、出席議員の過半数でこれを決し、可否同数のときは、議長の決するところによる。

第57条 ①両議院の会議は、公開とする。但し、出席議員の3分の2以上の多数で議決したときは、秘密会を開くことができる。

②両議院は、各々その会議の記録を保存し、秘密会の記録の中で特に秘密を要すると認められるもの以外は、これを公表し、且つ一般に頒布しなければならない。

③出席議員の5分の1以上の要求があれば、各議員の表決は、これを会議録に記載しなければならない。

第58条 ①両議院は、各々その議長その他の役員を選任する。

②両議院は、各々その会議その他の手続及び内部の規律に関する規則を定め、又、院内の秩序をみだした議員を懲罰することができる。但し、議員を除名するには、出席議員の3分の2以上の多数による議決を必要とする。

第59条 ①法律案は、この憲法に特別の定のある場合を除いては、両議院で可決したとき法律となる。

②衆議院で可決し、参議院でこれと異なつた議決をした法律案は、衆議院で出席議員の3分の2以上の多数で再び可決したときは、法律となる。

③前項の規定は、法律の定めるところにより、衆議院が、両議院の協議会を開くことを求めることを妨げない。

④参議院が、衆議院の可決した法律案を受け取つた後、国会休会中の期間を除いて60日以内に、議決しないときは、衆議院は、参議院がその法律案を否決したものとみなすことができる。

第60条 ①予算は、さきに衆議院に提出しなければならない。

②予算について、参議院で衆議院と異なつた議決をした場合に、法律の定めるところにより、両議院の協議会を開いても意見が一致しないとき、又は参議院が、衆議院の可決した予算を受け取つた後、国会休会中の期間を除いて30日以内に、議決しないときは、衆議院の議決を国会の議決とする。

第61条 条約の締結に必要な国会の承認については、前条第2項の規定を準用する。

第62条 両議院は、各々国政に関する調査を行ひ、これに関して、証人の出頭及び証言並びに記録の提出を要求することができる。

第63条 内閣総理大臣その他の国務大臣は、両議院の一に議席を有すると有しないとにかかはらず、何時でも議案について発言するため議院に出席することができる。又、答弁又は説明のため出席を求められたときは、出席しなければならない。

第64条 ①国会は、罷免の訴追を受けた裁判官を裁判するため、両議院の議員で組織する弾劾裁判所を設ける。

②弾劾に関する事項は、法律でこれを定める。

第5章　内閣

第65条 行政権は、内閣に属する。

第66条 ①内閣は、法律の定めるところにより、その首長たる内閣総理大臣及びその他の国務大臣でこれを組織する。

②内閣総理大臣その他の国務大臣は、文民でなければならない。

③内閣は、行政権の行使について、国会に対し連帯して責任を負ふ。

第67条 ①内閣総理大臣は、国会議員の中から国会の議決で、これを指名する。この指名は、他のすべての案件に先だつて、これを行ふ。

②衆議院と参議院とが異なつた指名の議決をした場合に、法律の定めるところにより、両議院の協議会を開いても意見が一致しないとき、又は衆議院が指名の議決をした後、国会休会中の期間を除いて10日以内に、参議院が、指名の議決をしないときは、衆議院の議決を国会の議決とする。

第68条 ①内閣総理大臣は、国務大臣を任命する。但し、その過半数は、国会議員の中から選ばれなければならない。

②内閣総理大臣は、任意に国務大臣を罷免することができる。

第69条 内閣は、衆議院で不信任の決議案を可決し、又は信任の決議案を否決したときは、10日以内に衆議院が解散されない限り、総辞職をしなければならない。

第70条 内閣総理大臣が欠けたとき、又は衆議院議員総

選挙の後に初めて国会の召集があつたときは、内閣は、総辞職をしなければならない。

第71条 前2条の場合には、内閣は、あらたに内閣総理大臣が任命されるまで引き続きその職務を行ふ。

第72条 内閣総理大臣は、内閣を代表して議案を国会に提出し、一般国務及び外交関係について国会に報告し、並びに行政各部を指揮監督する。

第73条 内閣は、他の一般行政事務の外、左の事務を行ふ。

1 法律を誠実に執行し、国務を総理すること。

2 外交関係を処理すること。

3 条約を締結すること。但し、事前に、時宜によつては事後に、国会の承認を経ることを必要とする。

4 法律の定める基準に従ひ、官吏に関する事務を掌理すること。

5 予算を作成して国会に提出すること。

6 この憲法及び法律の規定を実施するために、政令を制定すること。但し、政令には、特にその法律の委任がある場合を除いては、罰則を設けることができない。

7 大赦、特赦、減刑、刑の執行の免除及び復権を決定すること。

第74条 法律及び政令には、すべて主任の国務大臣が署名し、内閣総理大臣が連署することを必要とする。

第75条 国務大臣は、その在任中、内閣総理大臣の同意がなければ、訴追されない。但し、これがため、訴追の権利は、害されない。

第6章　司法

第76条 ①すべて司法権は、最高裁判所及び法律の定めるところにより設置する下級裁判所に属する。

②特別裁判所は、これを設置することができない。行政機関は、終審として裁判を行ふことができない。

③すべて裁判官は、その良心に従ひ独立してその職権を行ひ、この憲法及び法律にのみ拘束される。

第77条 ①最高裁判所は、訴訟に関する手続、弁護士、裁判所の内部規律及び司法事務処理に関する事項について、規則を定める権限を有する。

②検察官は、最高裁判所の定める規則に従はなければならない。

③最高裁判所は、下級裁判所に関する規則を定める権限を、下級裁判所に委任することができる。

第78条 裁判官は、裁判により、心身の故障のために職務を執ることができないと決定された場合を除いては、

公の弾劾によらなければ罷免されない。裁判官の懲戒処分は、行政機関がこれを行ふことはできない。

第79条 ①最高裁判所は、その長たる裁判官及び法律の定める員数のその他の裁判官でこれを構成し、その長たる裁判官以外の裁判官は、内閣でこれを任命する。

②最高裁判所の裁判官の任命は、その任命後初めて行はれる衆議院議員総選挙の際国民の審査に付し、その後10年を経過した後初めて行はれる衆議院議員総選挙の際更に審査に付し、その後も同様とする。

③前項の場合において、投票者の多数が裁判官の罷免を可とするときは、その裁判官は、罷免される。

④審査に関する事項は、法律でこれを定める。

⑤最高裁判所の裁判官は、法律の定める年齢に達した時に退官する。

⑥最高裁判所の裁判官は、すべて定期に相当額の報酬を受ける。この報酬は、在任中、これを減額することができない。

第80条 ①下級裁判所の裁判官は、最高裁判所の指名した者の名簿によつて、内閣でこれを任命する。その裁判官は、任期を10年とし、再任されることができる。但し、法律の定める年齢に達した時には退官する。

②下級裁判所の裁判官は、すべて定期に相当額の報酬を受ける。この報酬は、在任中、これを減額することができない。

第81条 最高裁判所は、一切の法律、命令、規則又は処分が憲法に適合するかしないかを決定する権限を有する終審裁判所である。

第82条 ①裁判の対審及び判決は、公開法廷でこれを行ふ。

②裁判所が、裁判官の全員一致で、公の秩序又は善良の風俗を害する虞があると決した場合には、対審は、公開しないでこれを行ふことができる。但し、政治犯罪、出版に関する犯罪又はこの憲法第3章で保障する国民の権利が問題となつてゐる事件の対審は、常にこれを公開しなければならない。

第7章　財政

第83条 国の財政を処理する権限は、国会の議決に基いて、これを行使しなければならない。

第84条 あらたに租税を課し、又は現行の租税を変更するには、法律又は法律の定める条件によることを必要とする。

第85条　国費を支出し、又は国が債務を負担するには、国会の議決に基くことを必要とする。

第86条　内閣は、毎会計年度の予算を作成し、国会に提出して、その審議を受け議決を経なければならない。

第87条　①予見し難い予算の不足に充てるため、国会の議決に基いて予備費を設け、内閣の責任でこれを支出することができる。

②すべて予備費の支出については、内閣は、事後に国会の承諾を得なければならない。

第88条　すべて皇室財産は、国に属する。すべて皇室の費用は、予算に計上して国会の議決を経なければならない。

第89条　公金その他の公の財産は、宗教上の組織若しくは団体の使用、便益若しくは維持のため、又は公の支配に属しない慈善、教育若しくは博愛の事業に対し、これを支出し、又はその利用に供してはならない。

第90条　①国の収入支出の決算は、すべて毎年会計検査院がこれを検査し、内閣は、次の年度に、その検査報告とともに、これを国会に提出しなければならない。

②会計検査院の組織及び権限は、法律でこれを定める。

第91条　内閣は、国会及び国民に対し、定期に、少くとも毎年1回、国の財政状況について報告しなければならない。

第8章　地方自治

第92条　地方公共団体の組織及び運営に関する事項は、地方自治の本旨に基いて、法律でこれを定める。

第93条　①地方公共団体には、法律の定めるところにより、その議事機関として議会を設置する。

②地方公共団体の長、その議会の議員及び法律の定めるその他の吏員は、その地方公共団体の住民が、直接これを選挙する。

第94条　地方公共団体は、その財産を管理し、事務を処理し、及び行政を執行する権能を有し、法律の範囲内で条例を制定することができる。

第95条　一の地方公共団体のみに適用される特別法は、法律の定めるところにより、その地方公共団体の住民の投票においてその過半数の同意を得なければ、国会は、これを制定することができない。

第9章　改正

第96条　①この憲法の改正は、各議院の総議員の3分の2以上の賛成で、国会が、これを発議し、国民に提案してその承認を経なければならない。この承認には、特別の国民投票又は国会の定める選挙の際行はれる投票において、その過半数の賛成を必要とする。

②憲法改正について前項の承認を経たときは、天皇は、国民の名で、この憲法と一体を成すものとして、直ちにこれを公布する。

第10章　最高法規

第97条　この憲法が日本国民に保障する基本的人権は、人類の多年にわたる自由獲得の努力の成果であつて、これらの権利は、過去幾多の試錬に堪へ、現在及び将来の国民に対し、侵すことのできない永久の権利として信託されたものである。

第98条　①この憲法は、国の最高法規であつて、その条規に反する法律、命令、詔勅及び国務に関するその他の行為の全部又は一部は、その効力を有しない。

②日本国が締結した条約及び確立された国際法規は、これを誠実に遵守することを必要とする。

第99条　天皇又は摂政及び国務大臣、国会議員、裁判官その他の公務員は、この憲法を尊重し擁護する義務を負ふ。

第11章　補則

第100条　①この憲法は、公布の日から起算して6箇月を経過した日から、これを施行する。

②この憲法を施行するために必要な法律の制定、参議院議員の選挙及び国会召集の手続並びにこの憲法を施行するために必要な準備手続は、前項の期日よりも前に、これを行ふことができる。

第101条　この憲法施行の際、参議院がまだ成立してゐないときは、その成立するまでの間、衆議院は、国会としての権限を行ふ。

第102条　この憲法による第1期の参議院議員のうち、その半数の者の任期は、これを3年とする。その議員は、法律の定めるところにより、これを定める。

第103条　この憲法施行の際現に在職する国務大臣、衆議院議員及び裁判官並びにその他の公務員で、その地位に相応する地位がこの憲法で認められてゐる者は、法律で特別の定をした場合を除いては、この憲法施行のため、当然にはその地位を失ふことはない。但し、この憲法によつて、後任者が選挙又は任命されたときは、当然その地位を失ふ。

ページは1巻のみのせています。
2巻3巻4巻5巻は、各巻のさくいんを見てね。

イラスト　　　　丸山誠司

ブックデザイン　稲垣結子（ヒロ工房）

日本国憲法ってなに？　1
だれもが自分らしく生きるための約束ごと　立憲主義

2017年8月10日　初　版　　　　　　　　　　　　　　　NDC323

著　　者　伊藤 真

発 行 者　田所 稔
発 行 所　株式会社　新日本出版社
　　　　　〒151-0051　東京都渋谷区千駄ヶ谷4-25-6
　　　　　営業：03（3423）8402／編集：03（3423）9323
　　　　　info@shinnihon-net.co.jp　www.shinnihon-net.co.jp
　　　　　振替 00130-0-13681
印　　刷　亨有堂印刷所
製　　本　東京美術紙工協業組合

落丁・乱丁がありましたらおとりかえいたします。
ⒸMakoto Ito 2017
ISBN978-4-406-06082-0　C8332　Printed in Japan　40p 29×22㎝

「日本国憲法ってなに？」でくわしく解説する条文

1巻　だれもが自分らしく生きるための約束ごと　立憲主義　〈日本国憲法全文、総索引 付き〉

第11条　国民は、すべての基本的人権の享有を妨げられない。この憲法が国民に保障する基本的人権は、侵すことのできない永久の権利として、現在及び将来の国民に与へられる。

第12条　この憲法が国民に保障する自由及び権利は、国民の不断の努力によつて、これを保持しなければならない。又、国民は、これを濫用してはならないのであつて、常に公共の福祉のためにこれを利用する責任を負ふ。

第13条　すべて国民は、個人として尊重される。生命、自由及び幸福追求に対する国民の権利については、公共の福祉に反しない限り、立法その他の国政の上で、最大の尊重を必要とする。

第14条　①すべて国民は、法の下に平等であつて、人種、信条、性別、社会的身分又は門地により、政治的、経済的又は社会的関係において、差別されない。

②華族その他の貴族の制度は、これを認めない。

③栄誉、勲章その他の栄典の授与は、いかなる特権も伴はない。栄典の授与は、現にこれを有し、又は将来これを受ける者の一代に限り、その効力を有する。

第24条　①婚姻は、両性の合意のみに基いて成立し、夫婦が同等の権利を有することを基本として、相互の協力により、維持されなければならない。

②配偶者の選択、財産権、相続、住居の選定、離婚並びに婚姻及び家族に関するその他の事項に関しては、法律は、個人の尊厳と両性の本質的平等に立脚して、制定されなければならない。

第97条　この憲法が日本国民に保障する基本的人権は、人類の多年にわたる自由獲得の努力の成果であつて、これらの権利は、過去幾多の試錬に堪へ、現在及び将来の国民に対し、侵すことのできない永久の権利として信託されたものである。

第99条　天皇又は摂政及び国務大臣、国会議員、裁判官その他の公務員は、この憲法を尊重し擁護する義務を負ふ。

2巻　だれもが生まれながらに持っている権利　基本的人権の尊重

第12条　（1巻　参照）

第13条　（1巻　参照）

第15条　①公務員を選定し、及びこれを罷免することは、国民固有の権利である。

②すべて公務員は、全体の奉仕者であつて、一部の奉仕者ではない。

③公務員の選挙については、成年者による普通選挙を保障する。

④すべて選挙における投票の秘密は、これを侵してはならない。選挙人は、その選択に関し公的にも私的にも責任を問はれない。

第16条　何人も、損害の救済、公務員の罷免、法律、命令又は規則の制定、廃止又は改正その他の事項に関し、平穏に請願する権利を有し、何人も、かかる請願をしたためにいかなる差別待遇も受けない。

第17条　何人も、公務員の不法行為により、損害を受けたときは、法律の定めるところにより、国又は公共団体に、その賠償を求めることができる。

第18条　何人も、いかなる奴隷的拘束も受けない。又、犯罪に因る処罰の場合を除いては、その意に反する苦役に服させられない。

第19条　思想及び良心の自由は、これを侵してはならない。

第20条　①信教の自由は、何人に対してもこれを保障する。いかなる宗教団体も、国から特権を受け、又は政治上の権力を行使してはならない。

②何人も、宗教上の行為、祝典、儀式又は行事に参加することを強制されない。

③国及びその機関は、宗教教育その他いかなる宗教的活動もしてはならない。

第21条　①集会、結社及び言論、出版その他一切の表現の自由は、これを保障する。

②検閲は、これをしてはならない。通信の秘密は、これを侵してはならない。

第22条　①何人も、公共の福祉に反しない限り、居住、移転及び職業選択の自由を有する。

②何人も、外国に移住し、又は国籍を離脱する自由を侵されない。

第23条　学問の自由は、これを保障する。

第25条　①すべて国民は、健康で文化的な最低限度の生活を営む権利を有する。

②国は、すべての生活部面について、社会福祉、社会保障及び公衆衛生の向上及び増進に努めなければならない。

第26条　①すべて国民は、法律の定めるところにより、その能力に応じて、ひとしく教育を受ける権利を有する。

②すべて国民は、法律の定めるところにより、その保護する子女に普通教育を受けさせる義務を負ふ。義務教育は、これを無償とする。

第27条　①すべて国民は、勤労の権利を有し、義務を負ふ。

②賃金、就業時間、休息その他の勤労条件に関する基準は、法律でこれを定める。

③児童は、これを酷使してはならない。

第28条　勤労者の団結する権利及び団体交渉その他の団体行動をする権利は、これを保障する。

第29条　①財産権は、これを侵してはならない。

②財産権の内容は、公共の福祉に適合するやうに、法律でこれを定める。

③私有財産は、正当な補償の下に、これを公共のために用ひることができる。

第31条　何人も、法律の定める手続によらなければ、その生命若しくは自由を奪はれ、又はその他の刑罰を科せられない。

第32条　何人も、裁判所において裁判を受ける権利を奪はれない。

第33条　何人も、現行犯として逮捕される場合を除いては、権限を有する司法官憲が発し、且つ理由となつてゐる犯罪を明示する令状によらなければ、逮捕されない。

第34条　何人も、理由を直ちに告げられ、且つ、直ちに弁護人に依頼する権利を与へられなければ、抑留又は拘禁されない。又、何人も、正当な理由がなければ、拘禁されず、要求があれば、その理由は、直ちに本人及びその弁護人の出席する公開の法廷で示されなければならない。

第35条　①何人も、その住居、書類及び所持品について、侵入、捜索及び押収を受けることのない権利は、第33条の場合を除いては、正当な理由に基いて発せられ、且つ捜索する場所及び押収する物を明示する令状がなければ、侵されない。

②捜索又は押収は、権限を有する司法官憲が発する各別の令状により、これを行ふ。

第36条　公務員による拷問及び残虐な刑罰は、絶対にこれを禁ずる。

第37条　①すべて刑事事件においては、被告人は、公平な裁判所の迅速な公開裁判を受ける権利を有する。

②刑事被告人は、すべての証人に対して審問する機会を充分に与へられ、又、公費で自己のために強制的手続により証人を求める権利を有する。

③刑事被告人は、いかなる場合にも、資格を有する弁護人を依頼することができる。被告人が自らこれを依頼することができないときは、国でこれを附する。

第38条　①何人も、自己に不利益な供述を強要されない。

②強制、拷問若しくは脅迫による自白又は不当に長く抑留若しくは拘禁された後の自白は、これを証拠とすることができない。

③何人も、自己に不利益な唯一の証拠が本人の自白である場合には、有罪とされ、又は刑罰を科せられない。

第39条　何人も、実行の時に適法であつた行為又は既に無罪とされた行為については、刑事上の責任を問はれない。又、同一の犯罪について、重ねて刑事上の責任を問はれない。

第40条　何人も、抑留又は拘禁された後、無罪の裁判を受けたときは、法律の定めるところにより、国にその補償を求めることができる。